AF404954

Hahnemann

Exercices

De mémoire Gradués

EXERCICES

DE MÉMOIRE GRADUÉS

A L'USAGE DE LA JEUNESSE.

RECUEILLIS

PAR

J. G. HEINEMANN,

INSTITUTEUR A L'ÉCOLE DE SAINT-THOMAS.

STRASBOURG,

IMPRIMERIE DE G. L. SCHULER,

RUE DES ARCADES, 5.

1841.

I. PROVERBES, SENTENCES ET MAXIMES DE CONDUITE.

Pour savoir il faut apprendre.

*

Il faut semer pour moissonner.

*

Pas à pas on va loin.

*

Qui jeune n'apprend, vieux ne saura.

*

A force de forger on devient forgeron.

*

Ressemble à la fourmi durant les jours d'été.

*

Le paresseux dit : «Je n'ai pas la force.»

*

L'indigence est la compagne de l'oisiveté.

4

La main fermée ne prend jamais des mouches.

*

Le repos est doux après le travail.

*

L'oisiveté est la mère de tous les vices.

*

En ne faisant rien on apprend à mal faire.

*

Fais ton devoir et ne crains personne.

*

A l'œuvre on connaît l'ouvrier.

*

Qui se loue s'emboue.

*

Vite et bien ne vont jamais ensemble.

*

L'œil du fermier vaut du fumier.

*

Dommage rend sage.

*

L'œil du maître engraisse le cheval.

*

Qui trop entreprend finit peu.

*

Au besoin on connaît l'ami.

L'homme propose, Dieu dispose.

*

Les paroles sont la clef du cœur.

*

Ceux-là sont riches qui ont des amis.

*

Trop gratter cuit, trop parler nuit.

*

Tout vient à temps à qui peut attendre.

*

Il n'y a si bon cheval qui ne bronche.

*

Est assez riche qui ne doit rien.

*

Tout va comme on le mène.

*

Peu de biens, peu de soins.

*

Le premier pas engage au second.

*

L'homme faux se perd lui-même.

*

Beaucoup sait qui peut se taire.

*

Qui donne aux pauvres donne à Dieu.

La crainte de Dieu est le commencement de la sagesse.

*

On ne jouit de rien quand on a des remords.

*

La vraie noblesse consiste dans la vertu.

*

Aimez votre prochain comme vous-même.

*

Chose bien commencée est à moitié achevée.

*

Si tu ne veux pas qu'on le sache, ne le fais pas.

*

Qui méprise bon conseil ne mérite pas secours.

*

L'homme habile gagne son pain partout.

*

Il n'est jamais tard pour faire le bien.

*

Ne faites rien sans une mûre réflexion.

*

Le mal qu'on dit des autres ne produit que du mal.

*

Si tu veux être bien servi, sers-toi toi-même.

*

Celui qui vit mal est toujours suivi de la crainte.

Bonne renommée vaut mieux que ceinture dorée.

*

Une bonne tête vaut mieux que cent bras.

*

Les petits ruisseaux font les grandes rivières.

*

Un tiens vaut mieux que deux tu l'auras.

*

Ne mettez jamais votre gloire dans vos habits.

*

Fais honneur à tes habits, et tes habits te feront honneur.

*

Dis-moi qui tu hantes et je te dirai qui tu es.

*

Qui entreprend ce qu'il ne peut, rencontre ce qu'il ne veut.

*

Celui qui fréquente les sages deviendra sage lui-même.

*

Pour plaire il faut avoir beaucoup de complaisance.

*

Tends la main aux malheureux, Dieu ne t'abandonnera pas.

Les richesses et le monde passeront, mais les bonnes actions demeurent.

*

Ce qu'on apprend dans la jeunesse, on le retient dans la vieillesse.

*

On connaît l'arbre à ses fruits, et un enfant à ses actions.

*

La beauté de l'esprit surpasse infiniment celle du corps.

*

On est assez beau, quand on est bon, doux et modeste.

*

Mieux vaut la honte au visage qu'une tache au cœur.

*

L'enfant qui convient de ses fautes est sur le point de les réparer.

*

Qui achète ce qu'il ne peut, vend après ce qu'il ne veut.

*

Ne jouez jamais avec le feu, ni avec une arme quelconque.

Le meilleur compagnon pour passer le temps est
un bon livre.

*

Il ne faut pas avoir honte de demander ce que
l'on ne sait pas.

*

Qui n'a pas voulu quand il a pu, ne pourra pas
quand il voudra.

*

Si un chapeau te blesse, ne l'enfonce pas dans la
tête de ton voisin.

*

Fais à autrui ce que tu voudrais qu'on te fît.

*

Ne faites pas à autrui, ce que vous ne voudriez
pas qui vous fût fait.

*

La bonne conduite est la mère de la gaieté, et la
gaieté est la mère de la santé.

*

La propreté est aussi utile que nécessaire ; elle entretient la santé et fait partie de la bien-
séance.

1*

Les enfants bien élevés sont le plus bel ornement
des pères et des mères.

*

Combien la pudeur est belle ! elle vaut beaucoup
et ne coûte rien.

*

Le jeu nous dérobe trois excellentes choses : l'argent, le temps et la conscience.

*

Sois sage dans le choix de tes amusements, alors
tu pourras te réjouir.

*

Une seule journée d'un sage vaut mieux que toute
la vie d'un sot.

*

Honore ton père et ta mère, et obéis à tes maîtres,
si tu veux vivre heureux.

*

Honore ton père et n'oublie jamais toutes les peines
que tu as causées à ta mère.

*

La justice et la bonté sont plus agréables à Dieu
que les offrandes.

La tempérance est un arbre qui a pour racine le
contentement de peu, et pour fruit le calme
et la paix.

*

Jouis des bienfaits de la Providence, voilà la sagesse; fais-en jouir les autres, voilà la vertu.

Sois vertueux, mon cher enfant,
Evite du méchant l'exemple séduisant.

*

Obéissez à Dieu, ainsi qu'à vos parents,
Si vous désirez vivre heureux et contents.

*

Conservez le cœur pur, fiez-vous au Seigneur,
Voilà le vrai chemin qui conduit au bonheur.

*

Qui cherche vraiment Dieu, en lui seul se repose,
Et qui craint vraiment Dieu, ne craint rien autre
chose.

*

Mon Dieu, pour être heureux tu m'as mis sur la
terre;
Donne-moi les vertus qu'il me faut pour te plaire.

Dieu veut le salut de tous tant que nous sommes ;
Jésus-Christ a versé son sang pour tous les hommes.

*

Tu vis... tu dois mourir. Homme ! voilà ton sort ;
Fais estimer ta vie, et fais pleurer ta mort.

*

Remplissez vos devoirs avec zèle et constance,
Le bonheur en sera toujours la récompense.

*

Rendez au Créateur ce que l'on doit lui, rendre ;
Pensez à lui avant que de rien entreprendre.

*

C'est Dieu qui, chaque jour, soutient notre existence ;
Comment payer ses dons ? Par la reconnaissance.

*

Aux petits des oiseaux Dieu donne la pâture,
Et sa bonté s'étend sur toute la nature.

*

Rien n'est caché, tout perce ; il faut vous mettre
en garde.
Vous n'êtes jamais seul ; Dieu toujours vous regarde.

*

Les hommes sont égaux ; ce n'est point la naissance,
C'est la seule vertu qui fait la différence.

Ne faites point de mal, ni de peine à personne ;
Le père commun des hommes, Dieu lui-même
vous l'ordonne.

*

Le plaisir d'obliger fait un bonheur suprême,
Qui peut élever l'homme au-dessus de lui-même.

*

Le bonheur le plus grand, le plus digne d'envie,
Est celui d'être utile et cher à sa patrie.

*

Soyez officieux, complaisant, doux, affable,
Et tout le monde toujours vous sera favorable.

*

Il ne faut pas faire à autrui
Ce qu'on ne veut pas qu'on nous fît.

*

Ne soyez point ingrat ; ce vice est infamant ;
En faits et en paroles soyez reconnaissant.

*

Médit-on des absents ? Cherchez à les défendre,
Et faites ce que vous feriez, s'ils pouvaient vous
entendre.

*

Si vous voulez passer tranquillement la vie,
Au bonheur du prochain ne portez point envie.

Respectez les vieillards, écoutez leurs discours,
Demandez-leur conseil, donnez-leur des secours.

*

L'imprudente jeunesse est facile à surprendre ;
De fidèles conseils peuvent seuls l'en défendre.

*

Aimez-vous la vertu ? Sachez-vous interdire
Tout ce qu'à haute voix on n'oserait pas dire.

*

L'honnête homme n'attend pas qu'on implore ses
soins,
Il va des malheureux prévenir les besoins.

*

Aux ordres des parents ne résistez jamais ;
Obéissez d'abord, interrogez après.

*

Le travail seul conduit à la félicité ;
On n'obtient jamais rien sans l'avoir mérité.

*

Votre champ est petit ; soyez laborieux ;
Le plus riche est celui qui cultive le mieux.

*

Le travail et la paix du cœur
Font de l'homme sage le vrai bonheur.

*

On n'apprend jamais rien sans un travail sévère,
Et ce n'est qu'en faisant qu'on apprend à bien faire.

Il n'est rien, mes enfants, que l'on ne puisse faire,
Si l'on veut se donner la peine nécessaire.

*

Accoutumez-vous bien à l'occupation ;
Car il faut à chacun une utile instruction.

*

Quel que soit votre état, instruisez-vous sans cesse ;
Du riche c'est l'ornement, du pauvre la richesse.

*

Faites attention à ce que le maître dit,
Et n'affectez jamais d'avoir beaucoup d'esprit.

*

Il faut apprendre tant que nous ignorons,
Et nous ignorons tant que nous vivons.

*

Ne vous plaignez jamais de la difficulté ;
Vous allez réussir par la bonne volonté.

*

Respectez, mes enfants, tous vos maîtres si bons,
Et profitez sans cesse de leurs sages leçons.

*

Quel est l'homme le plus estimable ?
C'est le plus vertueux et le plus raisonnable.

*

Aimez la vérité ; qu'elle seule vous touche ;
Fermez à tout mensonge et l'oreille et la bouche.

Que de la vérité ta langue soit l'organe ;
Que le mensonge impur jamais ne la profane.

*

On ne croit plus celui qui une fois mentit,
On croit qu'il ment encore, fût-ce même vrai
ce qu'il dit.

*

O enfant, garde bien ton corps ;
La santé vaut bien mieux que l'or.

*

Cherche à suivre en tout point la sage tempérance,
Un corps robuste et sain en est la récompense.

*

Voici trois médecins qui ne nous trompent pas :
Gaîté, doux exercice et modeste repas.

*

Nos fautes, mes enfants, entraînent après elles
Le mépris, le remords ou des fautes nouvelles.

Sur toi, enfant, fais un effort ;
Apprends ; n'en perds jamais l'envie ;
Car l'ignorance dans cette vie
Est une image de la mort.

Enfant, le travail du jour
Donne un bon sommeil,
Et le repos à son tour
Donne un bon réveil.

*

La vertu couronne
Ses amis constants ;
Heureux qui lui donne
Ses soins et son temps.

*

La route du vice est glissante,
Elle nous entraîne à la mort ;
Le cours d'une vie innocente
Nous présente un plus heureux sort.

*

La ruse la mieux ourdie
Peut nuire à son inventeur,
Et souvent la perfidie
Retombe sur son auteur.

*

Si tu veux conserver une vigueur parfaite,
Tu dois user de tout avec sobriété ;
Le plus souvent faire diète,
Peu donner aux plaisirs, beaucoup à la santé.

*

Fuyez la bouche médisante ;
Tous ses propos sont du venin.
L'envie attaque la vertu absente,
Et couvre de défauts le prochain.

Tout annonce d'un Dieu l'éternelle existence :
On ne peut le comprendre, on ne peut l'ignorer ;
La voix de l'univers annonce sa puissance,
Et la voix de nos cœurs dit, qu'il faut l'adorer.

*

Servons Dieu, mes enfants, et suivons tous les jours
Les lois que sa justice impose à tous les hommes ;
Aimons les malheureux, portons-leur des secours,
Remplissons les devoirs de l'état où nous sommes.

*

Jour et nuit ne cesse d'apprendre ;
La sagesse ne croît que par des soins constants ;
Et la rare prudence, à laquelle on doit tendre,
N'est que le fruit tardif du travail et du temps.

*

Fuyez, mon fils, fuyez l'indolente paresse ;
C'est la rouille attachée aux plus brillants métaux.
L'honneur, le plaisir même est le fils des travaux ;
Le mépris et l'ennui sont nés de la mollesse.

*

Ne t'enfle point d'orgueil pour la beauté du corps ;
Elle est sujette au temps, le moindre mal l'efface.
Mais les dons de l'esprit sont de riches trésors
Qui demeurent, lorsque tout passe.

*

Dieu voit tout, est partout. On a beau se cacher,
A son œil pénétrant on ne peut se soustraire.
Quand on pèche en secret, ce n'est pas moins pécher ;
A l'éternel témoin gardons-nous de déplaire.

La vertu, mes enfants, donne la paix de l'ame.
C'est à faire le bien qu'il faut borner ses vœux.
On est toujours tranquille étant exempt de blâme :
Il n'est point de malheurs pour l'homme vertueux.

*

Je ne sais nul état, nulle profession,
Où, si l'on est honnête, on ne soit honorable.
N'estimez pas les gens par leur condition,
Mais par ce que leur cœur peut avoir d'estimable.

*

Ne vous laissez jamais aller à la paresse.
Faites tous vos devoirs avec la même ardeur.
Le dégoût suit toujours l'indolente mollesse ;
La peine surmontée augmente le bonheur.

*

Il faut bien réfléchir avec qui l'on se lie ;
Car la société des hommes vicieux
Nous les fait imiter, nous perd, nous humilie,
Et l'ami du méchant n'est jamais vertueux.

*

Notre vie est si courte ! il la faut employer.
Instruisez-vous, enfants, dès l'âge le plus tendre.
Vous serez malheureux, si vous cessez d'apprendre ;
Et c'est un jour perdu qu'un jour sans travailler.

II. POÉSIES DIVERSES.

BON CONSEIL.

Cherche un habile médecin ;
Prends, s'il le faut, médecine ;
N'aie ni colère, ni chagrin,
Et tiens sobre cuisine,
Si tu prétends
Vivre longtemps.

L'ENFANT SAGE.

Quand je suis sage,
Remplissant ma tâche
Sans entêtement ;
Quel contentement !
Loué de mon père,
Aimé de ma mère,
Tout autour de moi me rit,
Tout me loue et me chérit.

LA VERTU PRÉFÉRABLE A LA BEAUTÉ.

Que sont, hélas! de vains attraits
Dont la durée est passagère?
La nature en fit tous les frais,
A-t-on le droit d'en être fière?
La vertu doit s'apprécier;
Sans elle, une aimable figure
A nos yeux retrace un rosier
Sans la fleur qui en fait la parure.

LA BIENFAISANCE.

Mortels, tout est pour votre usage;
Dieu vous comble de ses présents.
Ah! si vous êtes son image,
Soyez, comme lui, bienfaisants.
Le premier des plaisirs et la plus belle gloire,
C'est de répandre des bienfaits.
Si vous en recevez, publiez-le à jamais;
Si vous en répandez, perdez-en la mémoire.

DIEU NOUS AIDE DANS LE MALHEUR.

Celui qui fixa les étoiles
A la voûte azurée des cieux,
A la nuit qui donna ses voiles,
Au jour son éclat radieux,

Ne laisse pas sa créature
Succomber au poids des douleurs.
La main qui soutient la nature,
De l'opprimé sèche les pleurs.

EMPLOI DU TEMPS.

De nos ans le meilleur usage
Est d'en étudier la fin,
Et de faire l'apprentissage
Des lois sévères du destin.
Telle est la leçon que nous donne
Le noble espoir d'une couronne
Que le temps ne pourra flétrir ;
C'est au tombeau qu'il faut descendre,
Et il y a un compte à rendre :
Vivons donc bien pour bien mourir.

LE SOMMEIL.

Viens, doux sommeil, soulage moi !
Mes sens soupirent après toi,
Et tout appesantie
Mon ame te convie.

Mais, doux sommeil, si pour jamais
Peut-être mes yeux tu fermais,
Et que cette paupière
Ne vît plus la lumière :

Je sais qu'un jour un beau réveil
Doit succéder à mon sommeil;
Et que pour lors ma vie
Ne sera plus finie.

CANTIQUE DU MATIN.

Plein d'assurance j'ai dormi,
Le travail me rappelle;
Avec plaisir j'y cours, rempli
D'une vigueur nouvelle.

Au tendre amour de mes parents
Je dois ma nourriture;
Par leurs soins toujours renaissants
Ma joie est douce et pure.

Je reconnais tout le pouvoir
Qu'ils ont sur mon enfance;
Et me fais un sacré devoir
De mon obéissance.

EXISTENCE DE DIEU.

Les cieux instruisent la terre
A révérer leur auteur.
Tout ce que le globe enserre,
Célèbre un Dieu créateur!

De sa puissance immortelle
Tout parle, tout nous instruit.
Le jour au jour la révèle,
La nuit l'annonce à la nuit.

O que tes œuvres sont belles,
Grand Dieu, quels sont tes bienfaits !
Que ceux qui te sont fidèles,
Dans ton monde trouvent d'attraits !

Ta crainte inspire la joie ;
Elle assure notre voie ;
Elle nous rend triomphants ;
Elle éclaire la jeunesse ;
Elle fait briller la sagesse
Dans les plus faibles enfants.

IMMORTALITÉ DE L'AME.

Le désir du néant convient aux scélérats.
Non, je ne puis penser que la nuit du trépas
Eloigne avec nos jours ce flambeau de notre ame,
Qu'alluma l'Eternel d'une céleste flamme.
La vertu malheureuse en ces jours criminels
Annonce à ma raison des siècles éternels.
Pour la seule douleur la vertu n'est point née ;
Le ciel a fait pour elle une autre destinée.
Plein de cet espoir, je m'élève aujourd'hui
Vers l'Etre bienfaisant qui me créa pour lui.

Je vois avec transport la fin de ma carrière,
Où doit naître à mes yeux l'immortelle lumière.
Dans cette nuit d'erreur la vie est un sommeil :
La mort conduit au jour, et j'aspire au réveil.

———————

L'OREILLER D'UN ENFANT.

Cher petit oreiller, doux et chaud sur ma tête !
Plein de plume choisie ; et blanc ! et fait pour moi !
Quand on a peur du vent, des loups, de la tem-
pête,
Cher petit oreiller, que je dors bien sur toi !

Beaucoup, beaucoup d'enfants pauvres et nus,
sans mère,
Sans maison, n'ont jamais d'oreiller pour dormir ;
Ils ont toujours sommeil ! ô destinée amère !
Maman, douce maman ! cela me fait gémir.

Et quand j'ai prié Dieu pour tous ces petits anges
Qui n'ont pas d'oreiller, moi j'embrasse le mien ;
Et seule en mon doux nid qu'à tes pieds tu m'ar-
ranges,
Je te bénis, ma mère, et je touche le tien.

Je ne m'éveillerai qu'à la lueur première
De l'aube au rideau bleu : c'est si gaî de la voir !
Je vais dire plus bas ma plus tendre prière,
Donne encore un baiser, douce maman ; bon soir !

PRIÈRE.

Dieu des enfants, le cœur d'une petite fille
Plein de prière, écoute, est ici sous mes mains.
Hélas ! on m'a parlé d'orphelins sans famille !
Dans l'avenir, bon Dieu, ne fais plus d'orphelins !

Laisse descendre au soir un ange qui pardonne,
Pour répondre à des voix que l'on entend gémir ;
Mets sous l'enfant perdu, que sa mère abandonne,
Un petit oreiller qui le fera dormir.

CONSEILS D'UN PÈRE MOURANT A SES ENFANTS.

Approchez, mes enfants, objets de ma tendresse ;
Embrassez votre père, et de sa faible voix
Recevez les conseils que son cœur vous adresse,
Hélas ! pour la dernière fois.

Je me meurs : vers la tombe un mal cruel m'en-
traîne.
Je souscris, sans murmure, aux célestes décrets ;
Biens, honneurs et plaisirs, je quitte tout sans
peine ;
Vous seuls excitez mes regrets.

Adorez, aimez Dieu : sa bonté tutélaire,
Mieux que je n'aurais fait, réglera vos destins.
Devenez ses enfants : si vous l'avez pour père,
Vous ne serez point orphelins.

Chérissez la vertu, cultivez la science,
Ne cherchez les honneurs ; fuyez la volupté ;
Et, de vos revenus soulageant l'indigence,
Amassez pour l'éternité.

N'ambitionnez pas l'orgueilleuse opulence ;
Le bonheur ne gît point au fond des coffres forts.
La pieuse vertu, la sage tempérance,
Voilà quels sont les vrais trésors.

Du mensonge jamais ne souillez votre bouche,
Et de la médisance abhorrez les attraits.
Détestez les conseils de la haine farouche,
Et vengez-vous par des bienfaits.

Soyez humbles, mes fils ; ma fille sois modeste,
Crois que la vanité de l'honneur est l'écueil.
De nous et de nos traits veux-tu voir ce qui reste ?
Ose, un jour, ouvrir mon cercueil.

Je touche au terme heureux d'un périlleux voyage.
J'ai peu goûté la vie, et je crains peu la mort.
Plus à plaindre que moi, vous quittez le rivage,
Tandis que je surgis au port.

Mais je sens que ma voix sur mes lèvres expire....
Adieu, mes chers enfants : vivez, vivez heureux.
Mon cœur mourant, ce cœur que la douleur déchire,
Pour vous forme encore des vœux.

Daigne le Tout-puissant bénir vos destinées,
Vous garder le cœur pur; l'esprit bon, le corps sain,
Aux jours qu'il vous réserve ajouter mes années,
Et nous réunir dans son sein.

CANTIQUE POUR LE PRINTEMPS.

Celui qui du printemps
Ranime la nature,
Bénissez-le, vous, ses enfants,
Et toute créature;
Tout ce que l'univers contient,
Sa main l'a fait et le soutient;
Célébrons sa puissance!

De gazons, d'herbes et de fleurs
La terre se couronne,
Déjà de ses cultivateurs
L'espérance moissonne.
L'oiseau qui s'élève dans l'air,
Dans la poussière chaque ver
Se réjouit de vivre.

L'air est plus doux, un ciel d'azur,
A travers le feuillage
Brille avec un éclat plus pur,
Tout chante en son langage
Gloire et triomphe au Créateur!
Et le plaisir dans chaque cœur
Vit et se renouvèle.

Dieu cependant d'un œil serein,
Où l'amour se déploie,
Voit les ouvrages de sa main,
Se complaît en leur joie ;
Mais l'homme le reconnaît,
Le sent dans tout ce qu'il a fait,
L'adore et lui rend grâce.

Louez ce Dieu, si bon, si doux
Dans la nature entière !
Il est près de chacun de nous
Aux cieux et sur la terre.
Sa main ne m'abandonne pas ;
Partout, où je porte mes pas,
Sa bonté m'environne.

Il appelle dans leurs saisons
La pluie et le tonnerre,
Afin que de riches moissons
Réjouissent la terre.
Messagers d'un Dieu tout-puissant,
La neige, la grêle et le vent
Rendent nos champs fertiles.

Il habite dans les éclairs,
Il commande aux tempêtes ;
Et quand il tonne dans les airs,
Nous cherchons des retraites.
Tout chante alors le Créateur
Qui du sein même de l'horreur
Fait couler l'abondance.

III. FABLES ET CONTES.

LA FOURMI ET LA CIGALE.

«Fourmi, dit la cigale, hélas ! un peu de graine !
Je n'ai rien, et l'hiver est bien long à passer.»
««Qu'as-tu donc fait l'été?»»... «J'ai chanté dans
la plaine.»
««Hé bien ! vas-y danser.»»

LA MOUCHE ET LA FOURMI.

«Misérable fourmi, disait la mouche fière,
Pauvre et vil animal, que le travail tuera.
Pour moi le doux loisir, la joie, la bonne chère.»
««Adieu, mouche, dit la fourmi; l'hiver viendra!»»

LE RENARD ET LES RAISINS.

«Voilà des raisins mûrs, et qui sont beaux à
peindre,
Disait sous une treille un renard empressé :
Il y sauta cent fois; mais n'y pouvant atteindre,
«Ils sont trop verts,» dit-il; heureux s'il l'eût
pensé !

LE PAUVRE ET LE VOLEUR.

Certain pauvre aperçut dans sa chambre la nuit
Un voleur qui croyait trouver là quelque somme
Il fit un si grand cri, que le voleur s'enfuit
Et laissa son manteau qui servit au pauvre homme.

LE CHÊNE ET LE ROSEAU.

Un chêne méprisait un roseau faible et tendre,
Lui disant qu'il pliait au moindre vent :
Le chêne enraciné tomba d'un ouragan,
Souvent plier vaut mieux que se défendre.

L'ENFANT.

Un enfant s'admirait, placé sur une table.
«Je suis grand,» disait-il. Quelqu'un lui répondit :
«Descendez, vous serez petit.»
Quel est l'enfant de cette fable ?
Le riche qui s'enorgueillit.

L'ALOUETTE ET LE COUCOU.

L'alouette au coucou dit un jour : Savez-vous
Pourquoi ces grandes voyageuses,
Ces cigognes, malgré leurs courses si fameuses,
N'en savent pas plus long que nous ?
Oui, lui dit le coucou, parce que les voyages
Ne rendent pas les sots plus sages.

LES DEUX CHAUVES.

Un jour deux chauves dans un coin
Virent briller certain morceau d'ivoire :
Chacun d'eux veut l'avoir ; dispute et coups de poing.
Le vainqueur y perdit, comme vous pouvez croire,
Le peu de cheveux gris, qui lui restaient encor ;
Un peigne était le beau trésor
Qu'il eut pour prix de sa victoire.

LE PAPILLON ET L'ABEILLE.

«S'il fait beau temps ,»
Disait un papillon volage,
«S'il fait beau temps,
Je vais folâtrer dans les champs ;»
««Et moi, lui dit l'abeille sage,
Je me mettrai à mon ouvrage
S'il fait beau temps.»»

LE ROI DE PERSE.

Un roi de Perse certain jour
Chassait avec toute sa cour ;
Il eut soif, et dans cette plaine
On ne trouvait point de fontaine.
Près de là seulement était un grand jardin
Rempli de beaux cédrats, d'oranges, de raisin :

«A Dieu ne plaise que j'en mange !
Dit le roi, ce jardin courrait trop de danger :
Si je me permettais d'y cueillir une orange,
Mes visirs aussitôt mangeraient le verger.

LA CHENILLE.

Un jour, causant entre eux, différents animaux
Louaient beaucoup le ver à soie :
Quel talent, disaient-ils, cet insecte déploie
En composant ces fils si doux, si fins, si beaux,
Qui de l'homme font la richesse.
Tous vantaient son travail, exaltaient son adresse.
Une chenille seule y trouvait des défauts,
Aux animaux surpris en faisait la critique ;
Disait des mais et puis des si.
Un renard s'écria : Messieurs, cela s'explique,
C'est que madame file aussi.

LES DEUX CHEVAUX.

Un homme vendait deux chevaux :
«Celui-ci, disait-il ; est de fort bonne race ;
Si de son père il suit la trace,
Il sera des meilleurs, comme il est des plus beaux.
Celui-là ne vient pas d'une si belle source,
A vous parler à cœur ouvert ;
Mais il gagna dans la dernière course
Le harnais dont il est couvert.»

Oh ! dit l'acheteur : Je préfère
Celui qui doit son prix à sa propre valeur.
Les bonnes qualités du père
Ne rendent pas le fils meilleur.

LE VIEILLARD ET LES JEUNES GENS.

Un vieillard plus qu'octogénaire
Plantait encore des ormeaux.
Y songe-t-il ? Que veut-il faire ?
S'entredisaient des jouvenceaux.

Le bon homme à coup sûr radote :
Encore passe de bâtir ;
Mais de planter ; quelle marotte !
De son labeur peut-il jouir ?

Il écouta leur vain langage,
Et leur répondit sensément :
«Prétendez-vous défendre au sage
De travailler pour ses enfants ?»

LA GUENON, LE SINGE ET LA NOIX.

Une jeune guenon cueillit
Une noix dans sa coque verte ;
Elle y porte la dent, fait la grimace. — Ah ! certe,
Dit-elle, ma mère mentit,

Quand elle m'assura que les noix étaient bonnes.
Puis, croyez au discours de ces vieilles personnes
Qui trompent la jeunesse ! je ne veux pas de ce fruit !
Elle jète la noix. Un singe la ramasse,
Vite entre deux cailloux la casse,
L'épluche, la mange, et lui dit :
«Votre mère eut raison, m'amie,
Les noix ont fort bon goût ; mais il faut les ouvrir.
Souvenez-vous, que dans la vie,
Sans un peu de travail on n'a point de plaisir.»

LA POULE AUX ŒUFS D'OR.

L'avarice perd tout en voulant tout gagner.
Je ne veux pour le témoigner
Que celui dont la poule, à ce que dit la fable,
Pondait tous les jours un œuf d'or.
Il crut que dans son corps elle avait un trésor.
Il la tua, l'ouvrit, et la trouva semblable
A celles dont les œufs ne lui rapportaient rien
S'étant lui-même ôté le plus beau de son bien
Belle leçon pour les gens chiches :
Pendant ces derniers temps combien en a-t-on vus
Qui du soir au matin sont pauvres devenus,
Pour vouloir trop tôt être riches !

LE CHIEN ET LE CHAT.

Un chien vendu par son maître
Brisa sa chaîne et revint
Au logis qui le vit naître.
Jugez de ce qu'il devint,
Lorsque pour prix de son zèle,
Il fut de cette maison
Reconduit par le bâton
Vers sa demeure nouvelle !
Un vieux chat, son compagnon,
Voyant sa surprise extrême,
En passant lui dit ce mot :
Tu croyais donc, pauvre sot,
Que c'est pour nous qu'on nous aime ?

LE BONHEUR FINIT où LE CRIME COMMENCE.

Dans l'ivresse de la colère
Usbeck jura la mort d'un esclave innocent ;
Et déjà sa main meurtrière,
Levant sur la victime un glaive menaçant,
Allait du sang d'un juste arroser la poussière.
«Frappe, maître inhumain, satisfais ta fureur,»
Dit l'esclave courbé sous l'acier destructeur ;
«Tu peux m'ôter le jour, use de ta puissance :
Mais songe en m'immolant , que le remords vengeur
Te ravira deux biens plus doux que l'existence,

L'estime de toi-même et le calme du cœur.»
Usbeck de son forfait connut enfin l'horreur.
««Vis, reprit-il; je sens d'avance
Que le bonheur finit où le crime commence.»»

LE PAON, LES DEUX OISONS ET LE PLONGEON.

Un paon faisait la roue, et les autres oiseaux
Admiraient son brillant plumage.
Deux oisons nasillards du fond d'un marécage
Ne remarquaient que ses défauts.
Regarde, disait l'un, comme sa jambe est faite;
Comme ses pieds sont plats, hideux !
Et son cri, disait l'autre, est si mélodieux,
Qu'il fait fuir jusqu'à la chouette.
Chacun riait alors du mal qu'il avait dit.
Tout-à-coup un plongeon sortit:
Messieurs, leur cria-t-il, vous voyez d'une lieue
Ce qui manque à ce paon : c'est bien voir, j'en
conviens :
Mais votre chant, vos pieds, sont plus laids que
les siens,
Et vous n'aurez jamais sa queue.

PAROLE DE SOCRATE.

Socrate un jour faisant bâtir,
Chacun censurait son ouvrage,
L'un trouvait les dedans, pour ne lui point mentir,
Indignes d'un tel personnage.

L'autre blâmait la face, et tous étaient d'avis,
Que les appartements en étaient trop petits,
Quelle maison pour lui? L'on y tenait à peine.
Plût au Ciel que de vrais amis,
Telle qu'elle est, dit-il, elle pût être pleine!
Le bon Socrate avait raison
De trouver pour ceux-là trop grande sa maison.
Chacun se dit ami; mais fou qui s'y repose;
Rien n'est plus commun que ce nom;
Rien n'est plus rare que la chose.

LA GRENOUILLE QUI SE VEUT FAIRE AUSSI GROSSE QUE LE BOEUF.

Une grenouille vit un bœuf
Qui lui sembla de belle taille.
Elle qui n'était pas grosse en tout comme un œuf,
Envieuse s'étend, et s'enfle, et se travaille,
Pour égaler l'animal en grosseur,
Disant: Regardez bien, ma sœur,
Est-ce assez? dites-moi, n'y suis-je point encore?
Nenni. M'y voici donc? Point du tout. M'y voilà?
Vous n'en approchez point. La chétive pécore
S'enfla si bien, qu'elle creva.
Le monde est plein de gens qui ne sont pas plus
sages :
Tout bourgeois veut bâtir comme les grands sei-
gneurs ;
Tout petit prince a des ambassadeurs ;
Tout marquis veut avoir des pages.

LA VENGEANCE.

Un jour Charlot par hasard
Se voit piqué d'une abeille ;
«Attendez, dit le gaillard,
Je vous rendrai la pareille.»

Il menace en son courroux,
De se venger tout à l'heure ;
Et de sable et de cailloux
Il bombarde leur demeure.

Mais les mouches, dès l'instant,
Pour leur commune défense,
Toutes sur lui se jetant,
Punissent la violence.

Bon ! je n'y serai plus pris
Dit Charlot, plein de piqûres.
Vos aiguillons m'ont appris
A pardonner les injures.

LE LABOUREUR ET SES ENFANTS.

Travaillez, prenez de la peine ;
C'est le fonds qui manque le moins.
Un riche laboureur sentant sa mort prochaine,
Fit venir ses enfants, leur parla sans témoins.

Gardez-vous, leur dit-il, de vendre l'héritage
Que nous ont laissé nos parents.
Un trésor est caché dedans.
Je ne sais pás l'endroit ; mais un peu de courage
Vous le fera trouver ; vous en viendrez à bout.
Remuez votre champ dès qu'on aura fait l'Août.
Creusez, fouillez, bêchez, ne laissez nulle place
Où la main ne passe et repasse.
Le père mort, les fils vous retournent le champ,
De cà, de là, partout; si bien, qu'au bout de l'an
Il en rapporta davantage.
D'argent, point de caché. Mais le père fut sage
De leur montrer avant sa mort
Que le travail est un trésor.

L'INGRATITUDE EST UN VICE PUNISSABLE.

Un chêne fier de son feuillage
Qui s'élevait jusques aux cieux,
Tint à la terre un jour ce propos orgueilleux :
«Terre, sur qui je daigne épancher mon ombragé,
Oserais-tu te comparer à moi ?
Non ; la honte serait pour toi,
Et du débat j'aurais tout l'avantage.»
««Ingrat ! lui répartit la terre avec douceur,
De moi tu tires ta subsistance,
Et tu me traites avec hauteur !
D'où peut-venir cette arrogance ?
Es-tu plus grand que moi, tu me dois ta grandeur !

Je vais t'ôter ce suc restaurateur,
Qui dans les airs a fait croître ta tige,
Et nous verrons après les fruits de ton labeur.
L'ingratitude est un vice du cœur,
Dont rarement on se corrige,
Et qu'on devrait punir pour le commun bonheur.

IL FAUT METTRE DES BORNES A SES DÉSIRS.

Dans un vallon délicieux
Loin des parents et de toute contrainte,
Un jeune enfant se promenait sans crainte.
Là mille fleurs charmaient ses yeux.
Il s'amusait à cueillir les plus belles ;
Il assortissait leurs couleurs.
Mais, mon enfant, sachez que sous ces fleurs·
Se cachent des bêtes cruelles,
Lui dit un bon vieux laboureur ;
Moi, j'ai vu des serpents sous ces herbes fleuries.
A cet avis saisi de peur,
Il jète celles qu'il a cueillies.
Bientôt après, rencontrant sous ses pas
Un gazon tout couvert de fraîches violettes,
Il y porte la main. L'imprudent ne voit pas
Un aspic qui le mord et le mène au trépas.
Jeunes gens, tous les jours voilà ce que vous faites !
.Malgré tous les conseils, contentant vos désirs,
Vous trouvez votre perte en cherchant les plaisirs.

LE CHÊNE ET L'ORANGER.

La mollesse.

Un chêne ayant été dès sa tendre jeunesse,
Sur un mont découvert élevé durement,
De l'Aquilon bravait le sifflement,
Et les fureurs de toute espèce.

Des plus affreux hivers la cruelle froidure
Redouble vainement contre lui sa rigueur ;
Rien n'affaiblit sa force et sa vigueur :
Il n'a pas même une engelure.

Un oranger nourri dans la délicatesse,
Comme l'enfant gâté d'un bourgeois ou d'un grand,
Eut à son tour un sort bien différent :
Et c'est celui de la mollesse.

Trop tard d'un jour ou deux renfermé dans la serre,
Lorsque l'hiver revint sur les ailes du Nord,
Le beau mignon le lendemain fut mort,
Et son feuillage tout à terre.

Soigner trop sa santé fait venir maladie ;
On perd plus qu'on ne gagne à se tant ménager ;
Se dorloter est bon pour abréger,
Et non pour prolonger la vie.

LE PARRICIDE.

Un fils avait tué son père.
Ce crime affreux n'arrive guère
Chez les tigres, les ours ; mais l'homme le commet.
Ce parricide eut l'art de cacher son forfait,
Nul ne le soupçonna : farouche et solitaire
Il fuyait les humains, et vivait dans les bois,
Espérant échapper aux remords comme aux lois.
Certain jour on le vit détruire, à coups de pierre,
Un malheureux nid de moineaux.
Eh ! que vous ont fait ces oiseaux?
Lui demande un passant : pourquoi tant de colère ?
Ce qu'ils m'ont fait? répond le criminel :
Ces oisillons menteurs, que confonde le Ciel,
Me reprochent d'avoir assassiné mon père.
Le passant le regarde : il se trouble, il pâlit ;
Sur son front son crime se lit :
Conduit devant le juge, il l'avoue et l'expie.
O des vertus dernière amie,
Toi qu'on voudrait envain éviter ou tromper,
Conscience terrible, on ne peut t'échapper.

LE BERGER ET LA MER·

Certain berger d'Angleterre ou d'Ecosse
Vivait heureux des fruits de son troupeau ;
Il vendit tout pour faire le négoce,
Et puis se mit à la merci de l'eau.

Bientôt les vents formèrent un orage ;
Avec fureur la mer se souleva ;
L'argent périt dans un fatal naufrage ;
Et le marchand à peine se sauva.

Il s'était vu berger en chef et maître
Qui ne gardait que ses propres brebis ;
Il fut valet, encore heureux de l'être,
Auprès du riche et généreux Tircis.

Dans son malheur il eut cette ressource :
Il servit bien et fut récompensé ;
En peu de temps il remplit bien sa bourse,
Et désormais fut homme plus sensé.

En un beau jour voyant la plaine humide,
Comme une glace et dans un grand repos,
Il s'écria : Je t'entends, ô perfide !
Tu veux m'avoir encore sur tes flots.

Tu me promets une fortune immense,
Pour me tromper une seconde fois ;
Le peu que j'ai vaut mieux que l'espérance
De posséder tous les trésors des rois.

LA LAITIÈRE ET LE POT AU LAIT.

Perrette, sur sa tête ayant un pot au lait,
Bien posé sur un coussinet,
Prétendait arriver sans encombre à la ville.
Légère et court vêtue, elle allait à grands pas,
Ayant mis ce jour-là, pour être plus agile,
Cotillon simple et souliers plats.
Notre laitière ainsi troussée
Comptait déjà dans sa pensée
Tout le prix de son lait; en employait l'argent;
Achetait un cent d'œufs; faisait triple couvée;
La chose allait à bien par son soin diligent.
«Il m'est, disait-elle, facile
D'élever des poulets autour de ma maison;
Le renard sera bien habile
S'il ne m'en laisse assez pour avoir un cochon.
Le porc à s'engraisser coûtera peu de son;
Il était, quand je l'eus, de grosseur raisonnable:
J'aurai, le revendant, de l'argent bel et bon.
Et qui m'empêchera de mettre en notre étable,
Vu le prix dont il est, une vache et son veau,
Que je verrai sauter au milieu du troupeau?«
Perrette là-dessus saute aussi, transportée:
Le lait tombe; adieu veau, vache, cochon, couvée!

LE RENARD ET LE CORBEAU.

Maître corbeau voyant maître renard
Qui mangeait un morceau de lard,
Lui dit : Que tiens-tu là compère ?
Selon moi c'est un mauvais plat ;
Je te croyais le goût plus délicat.
Quand tu peux faire bonne chère,
T'en tenir à du lard? Regarde ces canards,
Ces poulets qui suivent leur mère,
Voilà le vrai gibier de messieurs les renards.
As-tu perdu ton antique prouesse?
Je t'ai vu cependant jadis un maître escroc.
Crois-moi ,laisse ton lard: ces poulets te sont hoc,
Si tu veux employer le quart de ton adresse
Maître renard ainsi flatté ,
Comme un autre animal sensible à la louange,
Quitte sa proie et prend le change.
Mais sa finesse et son agilité
Ne servirent de rien ; car la gent volatile
Trouva promptement un asile.
Notre renard retourne à son premier morceau.
Quelle fut sa surprise ! Il voit maître corbeau
Mangeant le lard , perché sur un branchage ,
Et qui lui crie: Mon bon ami,
A trompeur trompeur ,et demi.
Te souvient-il de ce fromage
Que tu m'escroquas l'autre jour?
Je fus un sot, et tu l'es à ton tour.

LE DERVICHE ET LE SULTAN.

Fléau de ses états, un farouche sultan
Ne dormait plus. Tant pis ; le sommeil d'un tyran,
Dit un sage par excellence,
Fait le repos de l'innocence.
Un jour, las de chercher ce sommeil qui le fuit,
De son palais il sort sans bruit,
Vole au désert : peut-être un remords salutaire
Dirige-t-il ses pas vers ce lieu solitaire.
Là vivait, loin du monde, un derviche pieux ;
Détaché des biens de la terre,
Déjà, par la pensée, il habitait les cieux,
Et reposait alors couché sur une pierre.
«Ce misérable ! il dort, dit le sultan, et moi !…
«Moi qui puis à mon gré disposer de sa vie,
«Il faut que je lui porte envie !»
Il soupire à ces mots. «Holà ! réveille-toi !
«Ecoute, et réponds à ton maître :
«En te voyant dormir ainsi,
«Il est aisé de reconnaître
«Que tu vis exempt de souci ;
«Mais ton lit, c'est la pierre, et couché de la sorte,
«Comment peux-tu dormir aussi bien ?«…«« Eh ! qu'importe,
««Dit le dervis, de sommeiller
««Sur le duvet ou sur la dure ?
««J'ai fait un peu de bien, ma conscience est pure :
««Est-il un plus doux oreiller ?»»

LE LIONCEAU.

Pour un prince africain un jeune lionceau
Fut arraché de son berceau,
Puis à force de soins, et de jeûne et d'adresse
On l'instruisit; enfin on en fit un agneau...
On le croyait du moins... Le prince et la princesse
Lui faisaient partager leur table et leur ennui,
On l'honora bientôt du nom d'ami;
Un prince, il faut qu'on le confesse,
En a beaucoup de cette espèce.
L'ami lion léchait la noble main :
Par cette langue épaisse et de meurtre altérée,
La peau se trouva déchirée,
Le sang parut!... Vous eussiez vu les yeux
Du jeune monstre atrocement joyeux!
Une agitation horrible
A coups pressés faisait battre son flanc,
Et son regard, plein d'un instinct terrible,
Semblait dire : Oh! voilà du sang!
On s'aperçut de l'infâme allégresse
Du compagnon de son altesse;
On l'étrangla; c'était bien le plus court;
Il eût croqué le prince avec toute sa cour!

Sur l'amitié des gens de féroce nature
Se confier, c'est être sans raison,
Cette amitié-là n'est pas sûre.
Si bien apprivoisé que paraisse un lion,
Craignez pour lui l'occasion.

LE RENARD ET LA CIGOGNE.

Compère le renard se mit un jour en frais,
Et retint à dîner commère la cigogne.
Le régal fut petit et sans beaucoup d'apprêts.
Le galant pour toute besogne
Avait un brouet clair, (il vivait chichement)
Ce brouet fut par lui servi sur une assiette :
La cigogne au long bec n'en put attraper miette,
Et le drôle eut lapé le tout en un moment.
Pour se venger de cette tromperie,
A quelque temps de là la cigogne le prie.
Volontiers, lui dit-il, car avec mes amis
Je ne fais point cérémonie.
A l'heure dite il courut au logis
De la cigogne, son hôtesse,
Loua très-fort sa politesse,
Trouva le dîner cuit à point.
Bon appétit surtout ; renards n'en manquent point.
Il se réjouissait à l'odeur de la viande
Mise en menus morceaux, et qu'il croyait friande.
On servit, pour l'embarrasser,
En un vase à long col et d'étroite embouchure ;
Le bec de la cigogne y pouvait bien passer,
Mais le museau du sire était d'autre mesure.
Il lui fallut à jeun retourner au logis,
Honteux comme un renard qu'une poule aurait pris,
Serrant la queue et portant bas l'oreille.
Trompeurs, c'est pour vous que j'écris,
Attendez-vous à la pareille.

3

LE DANSEUR DE CORDE ET LE BALANCIER.

Sur la corde tendue un jeune voltigeur
Apprenait à danser ; et déjà son adresse,
Ses tours de force, de souplesse,
Faisaient venir maint spectateur.
Sur son étroit chemin on le voit qui s'avance,
Le balancier en main, l'air libre, le corps droit,
Hardi, léger autant qu'adroit ;
Il s'élève, descend, va, vient, plus haut s'élance,
Remonte, retombe en cadence,
Et, semblable à certains oiseaux
Qui rasent en volant la surface des eaux,
Son pied touche, sans qu'on le voie,
A la corde qui plie et dans l'air le renvoie.
Notre jeune danseur, tout fier de son talent,
Dit un jour : A quoi bon ce balancier pesant
Qui me fatigue et m'embarrasse ?
Si je dansais sans lui, j'aurais bien plus de grâce,
De force et de légèreté.
Aussitôt fait que dit. Le balancier jeté,
Notre étourdi chancèle, étend les bras et tombe.
Il se cassa le nez, et tout le monde en rit.
Jeunes gens, jeunes gens, ne vous a-t-on pas dit
Que sans règle et sans frein tôt ou tard on suc-
       combe ?
La vertu, la raison, les lois, l'autorité,
Dans vos désirs fougueux vous causent quelque
       peine.

C'est le balancier qui vous gêne
Mais qui fait votre sûreté.

LE SAVANT ET LE FERMIER.

Chez un fermier un jour dans son champêtre asile
Il vint un savant de la ville,
Qui dit au bon vieillard : «Mon père, enseignez-moi
Dans quel auteur, dans quel ouvrage,
Vous apprîtes l'art d'être sage.
Chez quelle nation, à la cour de quel roi,
Avez-vous été comme Ulysse,
Prendre des leçons de justice ?».
««Je ne connais ni Ulysse, ni Platon, ni Epicure,
Répondit le vieillard : mon livre est la nature ;
Et mon meilleur précepteur
C'est mon cœur.
Je vois les animaux, j'y trouve le modèle
Des vertus que je dois chérir :
La colombe m'apprit à devenir fidèle ;
En voyant la fourmi, j'amassai pour jouir ;
Mes bœufs m'enseignent la constance,
Mes brebis la douceur, mes chiens la vigilance ;
Et, si j'avais besoin d'avis
Pour aimer mes filles, mes fils,
La poule et ses poussins me serviraient d'exemple.
Ainsi dans l'univers tout ce que je contemple
M'avertit d'un devoir qu'il m'est doux de remplir ;
Je fais souvent du bien pour avoir du plaisir,

J'aime et je suis aimé, mon ame est tendre et pure,
Et toujours selon ma mesure
Ma raison sait régler mes vœux :
J'observe et je suis la nature,
C'est mon secret pour être heureux.» »

LA CURIEUSE.

Une petite Champenoise
Qui n'avait pas encore six ans,
Et sa mère, honnête bourgeoise,
Aimée de toutes les bonnes gens,
Vivaient à leur maison des champs.
Un jour d'été la tendre mère
Dut partir de fort grand matin,
Pour soulager dans sa misère
Quelqu'un du village voisin ;
En partant : Vois-tu ma Ninette,
C'était le nom de son enfant,
La vois-tu bien cette cassette ?
Dit-elle ; je t'en fais présent ;
En voici la clef. Mais, écoute,
Écoute : il ne faudra l'ouvrir
Que devant ta bonne. — Oh ! sans doute,
Maman, je dois vous obéir.
Oui ; mais la petite personne
Curieuse n'obéit pas,
Et dans l'absence de sa bonne,
Elle ouvre la cassette. Hélas !
Tout-à-coup, avec grand fracas,

Un pigeon en sort, il s'échappe ;
En se débattant il attrappe
Un flacon ; le met en éclats ;
C'était du lait pour le repas
De Ninette la curieuse,
Désobéissante, menteuse ;
Et le pigeon qui s'est enfui,
Par la bonne eût été servi.
Ninette alors, pour bonne chère,
N'eut que du pain et de l'eau claire.

LE TROMPETTE ET LE VAINQUEUR.

Parmi grand nombre de guerriers
Qui venaient d'essuyer une entière défaite,
Et qui tous étaient prisonniers,
Le vainqueur aperçut par hasard un trompette :
Il n'était pas d'humeur à lui faire quartier.
Cependant celui-ci se mit à le prier,
Et comptant obtenir sa grâce,
Il lui disait pour se justifier :
«Je n'ai pas bougé de ma place,
Et l'on ne m'a pas vu courir de rang en rang,
Ni verser seulement une goutte de sang.
Toute la faute que j'ai faite,
Si c'en est une cependant,
C'est d'avoir seulement tiré de ma trompette
Un vain bruit, un son éclatant.» —
««Vous n'aurez pourtant pas un sort plus favorable

Que ceux qui dans nos rangs ont porté le trépas,
Reprit le vainqueur équitable.
Il est vrai que dans les combats
On ne vous a point vu déployer votre bras,
Mais quand vous embouchiez la trompette guerrière,
Dites-moi, par ses sons ne prétendiez-vous pas
Exciter contre nous la valeur meurtrière
De vos chefs et de vos soldats?
Ne m'apportez donc plus d'excuse pitoyable,
Et retenez bien cet avis :
Qui fait faire le mal, est encore plus coupable
Que ceux-mêmes qui l'ont commis.

LA FONTAINE ET LE SAULE.

Au pied d'une colline aride
Une fontaine jaillissait,
Et de temps en temps remplissait
Un frais bassin creusé par son onde limpide.
Rarement elle suffisait
Pour former un ruisseau qui baignât la vallée ;
Car le soleil la tarissait,
Et nulle ombre, nulle feuillée,
Des feux brûlants du jour ne la garantissait.
Dans le temps qu'elle en gémissait,
Voilà qu'un jeune saule, enfant de la nature,
Non loin d'elle dépérissait,
Abaissant sa pâle verdure
Que nulle eau ne rafraîchissait.

La fontaine compatissante
Elle-même s'oublie en le voyant souffrir,
Et pour aller le secourir
Elle fait un effort et détourne sa pente ;
Tout à l'entour du tronc déjà monte à moitié.
Bientôt le doux ruisseau serpente ;
Il baigne la racine, il humecte le pied,
Il renouvelle enfin la sève nourrissante
Qui monte, qui circule en maint vaisseau caché,
Et reporte la vie à la tige mourante
Du pauvre saule desséché.
Soudain il reverdit, il étend son feuillage,
Il se penche, non pas par défaut de vigueur,
Mais pour couvrir de son ombrage
La fontaine, sa tendre sœur,
Sa bienfaitrice, son amie,
Celle qui lui rendit la vie,
Et dont il peut enfin être le protecteur.
A son tour, il veille sur elle,
Son ombre de la source entretient la fraîcheur ;
S'échappant du bassin, l'onde à grands flots
ruisselle,
Et va courir dans le vallon,
Parmi les fleurs et le gazon
Qu'elle embellit et renouvelle.
C'est ainsi qu'il se faut l'un l'autre secourir :
La bienveillance mutuelle
Est pour nous tout profit, comme elle est tout
plaisir.

LE CALIFE.

Autrefois dans Bagdad le calife Almamon
Fit bâtir un palais plus beau, plus magnifique,
Que ne le fut jamais celui de Salomon.
Cent colonnes d'albâtre en formaient le portique,
L'or, le jaspe, l'azur, décoraient le parvis;
Dans les appartements embellis de sculpture,
Sous des lambris de cèdre, on voyait réunis
Et les trésors du luxe et ceux de la nature,
Les fleurs, les diamants, les parfums, la verdure,
Les myrtes adorants, les chefs-d'œuvre de l'art,
Et les fontaines jaillissantes
Roulant leurs eaux bondissantes
A côté des lits de brocard.
Près de ce beau palais, juste devant l'entrée,
Une étroite chaumière, antique et délabrée,
D'un pauvre tisserand était l'humble réduit.
Là, content du petit produit
D'un grand travail, sans dette et sans soucis
                                 pénibles,
Le bon vieillard, libre, oublié,
Coulait des jours doux et paisibles,
Point envieux, point envié.
J'ai déjà dit que sa retraite
Masquait le devant du palais.
Le visir veut d'abord, sans forme de procès,
Qu'on abatte la maisonnette;
Mais le calife veut que d'abord on l'achète.

Il fallut obéir : on va chez l'ouvrier,
On lui porte de l'or. Non, gardez votre somme,
Répond doucement le pauvre homme ;
Je n'ai besoin de rien avec mon atelier :
Et, quant à ma maison, je ne puis m'en défaire ;
C'est là que je suis né, c'est là qu'est mort
mon père ;
Je prétends y mourir aussi.
Le calife, s'il veut, peut me chasser d'ici ;
Il peut détruire ma chaumière :
Mais, s'il le fait, il me verra
Venir, chaque matin, sur la dernière pierre
M'asseoir et pleurer ma misère ;
Je connais Almamon, son cœur en gémira.
Cet insolent discours excita la colère
Du visir, qui voulait punir ce téméraire,
Et sur-le-champ raser sa chétive maison.
Mais le calife lui dit : «Non,
J'ordonne qu'à mes frais elle soit réparée,
Ma gloire tient à sa durée :
Je veux que nos neveux, en la considérant,
Y trouvent de mon règne un monument auguste :
En voyant le palais, ils diront : Il fut grand ;
En voyant la chaumière, ils diront : Il fut juste.

LE NID D'HIRONDELLES.

Un vieux château, de créneaux couronné,
Depuis longtemps, à la saison nouvelle,
Sous son portique abandonné,
Donnait asile à l'hirondelle.
Revenant des lointains pays,
Les oiseaux voyageurs retrouvaient, chaque année,
Dans la corniche surannée
Les débris toujours chers de leurs paisibles nids.
Une jeune hirondelle en ces lieux était née,
Pour elle ils n'avaient pas d'égal;
Et, lorsqu'après l'hiver elle eut fait sa tournée,
Elle y revint comme au pays natal.
A son tour elle devint mère;
Alors l'hospitalier lambris,
Dans le nid maternel, qu'elle apprit à refaire,
Vit éclore ses chers petits.
Oh! combien elle était heureuse!
Oh! qu'une mère est tendre, et son amour tou-
                        chant!
Pauvre hirondelle! hélas! pour son enfant,
Toute faible qu'elle est, n'est pas moins précieuse!
Un jour, voltigeant sur les eaux,
Notre hirondelle, à l'aventure,
Allait cherchant la nourriture
Qu'attendaient les petits oiseaux;
Elle aperçoit trop tard l'œil cruel d'un chasseur.
Elle a beau crier: Je suis mère!

Le coup part et la frappe au cœur.
Cependant, la troupe affamée
Tendait cinq petits becs, qui, d'un ton suppliant,
Réclamaient, hélas! vainement
La nourriture accoutumée.
L'un des frères enfin, plus courageux, plus fort,
Celui qui le premier sorti de sa coquille
Etait l'aîné de la famille,
Voit le danger, tente un effort,
S'élance hors du nid, et, d'une aile incertaine,
Se soutient un moment; puis va rasant la plaine;
Il y rencontre un vermisseau.
Quel bonheur! Il l'emporte à son plus jeune frère;
Il revient plus hardi, se risque au bord de l'eau,
Aux insectes livre la guerre,
Et retourne, chargé d'un précieux butin,
Qu'il distribue à ceux qu'il aime,
Avant de songer que lui-même
Etait presque mourant de fatigue et de faim.
Le lendemain il recommence,
Et de même les jours suivants.
Petits oiseaux devinrent grands;
Heureux d'avoir reçu, pour soigner leur enfance,
Ce second protecteur que, dans un frère aîné,
Aux orphelins la nature a donné.